Berwyn Public Library
2701 Harlem Ave.
Berwyn, IL 60402

DISCARD

BERWYN PUBLIC LIBRARY

S0-ARK-578

Berwyn Public Library
2701 Harlem Ave.
Berwyn, IL 60402

BERWYN PUBLIC LIBRARY

Investigaciones

Empujar

Patricia Whitehouse

Traducción de Patricia Abello

Heinemann Library
Chicago, Illinois

© 2003 Reed Educational & Professional Publishing
Published by Heinemann Library,
an imprint of Reed Educational & Professional Publishing,
Chicago, Illinois

Customer Service 888-454-2279
Visit our website at www.heinemannlibrary.com

All rights reserved. No part of this publication may be reproduced or transmitted in any form or by any means, electronic or mechanical, including photocopying, recording, taping, or any information storage and retrieval system, without permission in writing from the publisher.

Designed by Sue Emerson, Heinemann Library; Page layout by Que-Net Media
Printed and bound in the United States by Lake Book Manufacturing, Inc.
Photo research by Beth Chisholm

07 06 05 04 03
10 9 8 7 6 5 4 3 2 1

Library of Congress Cataloging-in-Publication Data
Whitehouse, Patricia, 1958-
   [Pushing. Spanish]
   Empujar / Patricia Whitehouse.
      p. cm. – (Investigaciones)
Includes index.
Summary: Presents simple hands-on experiments that demonstrate what can make pushing easier or more difficult.
   ISBN 1-4034-0943-9 (HC), 1-4034-3456-5 (Pbk.)
   1. Force and energy–Juvenile literature. 2. Power (Mechanics)–Juvenile literature. 3. Force and energy–Experiments–Juvenile literature. 4. Power (Mechanics)–Experiments–Juvenile literature. [1. Force and energy–Experiments. 2. Power (Mechanics)–Experiments. 3. Experiments. 4. Spanish language materials] I. Title.
   QC73.4 .W47518 2003
   531'.6–dc21

2003041731

Acknowledgments
The author and publishers are grateful to the following for permission to reproduce copyright material:
pp. 4, 5, 6, 7, 8, 9, 10, 11, 12, 13, 14, 15, 16, 17, 22, 23, 24 Que-Net/Heinemann Library; pp. 18, 19, 20, 21 Robert Lifson/Heinemann Library; back cover (L-R) Robert Lifson/Heinemann Library, Que-Net/Heinemann Library

Cover photograph by Que-Net/Heinemann Library

Every effort has been made to contact copyright holders of any material reproduced in this book. Any omissions will be rectified in subsequent printings if notice is given to the publisher.

Special thanks to our bilingual advisory panel for their help in the preparation of this book:

Anita R. Constantino
Literacy Specialist
Irving Independent School District
Irving, TX

Aurora Colón García
Literacy Specialist
Northside Independent School District
San Antonio, TX

Argentina Palacios
Docent
Bronx Zoo
New York, NY

Leah Radinsky
Bilingual Teacher
Inter-American Magnet School
Chicago, IL

Ursula Sexton
Researcher, WestEd
San Ramon, CA

Unas palabras están en negrita, **así.**
Las encontrarás en el glosario en fotos de la página 23.

Contenido

¿Qué es empujar?

Empujar es un modo de mover algo para alejarlo de ti.

Puedes empujar un cochecito para moverlo.

Algunas cosas son fáciles de empujar.

Otras cosas son difíciles de empujar.

¿Qué tan fuerte tienes que empujar?

Este **juego de escalar** es pesado.

Tienes que empujarlo hacia
la esquina.

Empuja el juego.

Tienes que empujarlo con
fuerza para moverlo por
la alfombra **áspera.**

Ahora el juego está en el piso **liso**.

¿Tendrás que empujar con
fuerza ahora?

Sólo tienes que empujar un poquito.

Es más fácil empujar el juego por el piso liso.

¿Puedes empujar algo más pesado que tú?

Se te cayeron los crayones
debajo de la silla.

¿Puedes mover la silla
para recogerlos?

Trata de empujar la silla.

Es muy pesada para ti.

Pídele a un amigo que te ayude.

Juntos, pueden empujar la silla.

Si hay más personas, hay más fuerza para empujar.

¡Ahora pueden colorear con todos los crayones!

¿Qué agarradera sirve para empujar?

Hay unos papeles en el piso

Tienes que recogerlos.

Puedes empujar los papeles con
una escoba.

¿Crees que será más fácil recogerlos
si la escoba tiene una **agarradera?**

Una **agarradera** de cuerda no sirve.

La cuerda no se queda derecha.

Una agarradera de madera sí
se queda derecha.

Para empujar se necesita una
agarradera derecha.

¿Se puede empujar hacia abajo para subir algo?

Éste es un **saltarín.**

Sirve para brincar.

Empuja hacia abajo el saltarín.

¿Qué pasará?

Al empujar hacia abajo,
el **saltarín** sube.

Cuanto más fuerte empujes hacia abajo, más alto subirás.

Prueba

¿Será más fácil empujar
el juguete por la arena **áspera**
o por el piso **liso?**

Busca la respuesta en la página 24.

Glosario en fotos

juego de escalar
páginas 6, 7, 8, 9

agarradera
páginas 15,
16, 17

saltarín
páginas 18, 19,
20, 21

áspero
páginas 7, 22

liso
páginas 8, 9, 22

Nota a padres y maestros

En física, "fuerza" se define como un empujón o un tirón. Este libro ofrece a los niños una oportunidad de explorar en términos fáciles las leyes físicas de la acción de "empujar". Mediante experimentos sencillos, percibirán que la cantidad de fuerza necesaria para empujar un objeto depende del tamaño del objeto y de la superficie por la que se deslice. También descubrirán que al empujar un objeto, pueden cambiar la dirección del mismo: al empujar algo hacia abajo, pueden hacerlo subir.

Lea las primeras dos páginas de cada capítulo y ayude a los niños a pensar en una solución a la pregunta del capítulo. Por ejemplo, después de leer las páginas 10 y 11, pida a los niños que traten de mover una silla que sea más pesada que ellos. A continuación lea las páginas 12 y 13. Comenten si la solución que dieron se ajusta a la del libro o en qué se diferencia.

! ¡PRECAUCIÓN!
Todos los experimentos se deben hacer con el permiso y la ayuda de un adulto.

Índice

Respuesta de la prueba

Es más difícil empujar el juguete por la arena **áspera**.